MAHAHUAL

ENTRE JAGUARES Y LAGARTOS

E.L.E

MORLIS®

BOOKS

MORLIS®
BOOKS

MAHAHUAL

entre Jaguares y Lagartos

E.L.E

Introducción

Durante los años 20 del siglo pasado surgió una generación de seres humanos, una especie de niños grandes, en los cuales comenzó a manifestarse cierta rebeldía, mostraron cambios hormonales o enfados repentinos; estos seres no eran adultos, pero tampoco niños y se les llamó adolescentes. Hoy a las puertas del 2020 está surgiendo una nueva generación, aún sin nombre conocido, en la que en ciertas personas se manifiesta una segunda adolescencia; estos seres (cada vez son más) tienen 50, 60 y hasta 70 años y se rehúsan terminantemente a decir adiós a una vida llena de actividades; estas personas ya cumplieron con los deberes de la vida, del trabajo, formaron una familia, en algunos casos formaron hasta 3 familias, como es el caso que aquí concierne, ya pagaron escuelas y universidades. Ahora esta nueva generación se encuentra con mucho camino y futuro que recorrer, debido en gran parte a la calidad y a la expectativa de vida que tienen, la cual se ha alargado pues cuentan con buena salud, pocos malestares físicos y un estado mental y emocional aceptables, a pesar de que la gran mayoría han pasado por episodios de engaños, desilusiones y pérdidas de familiares y amigos. Esta generación cuenta con la gran ventaja de la infinidad de experiencias vividas, además de que maneja la computadora o el celular con la misma velocidad que lo hace un chaval de 20 años, recibe y manda e-mails, posee diversos grupos en WhatsApp y demás redes sociales, aunque, eso sí, entra poco a aplicaciones como Tinder, porque en ese aspecto las personas que forman parte de esta generación son más proclives a la antigua usanza del ligue en bares, clubes, gimnasios, etc.

La generación de la que tratamos hace mucho ejercicio, al igual que los Millennials, terminan pruebas de larga duración (más de 14 horas) y siempre o casi siempre se les ve con una actitud muy positiva, debido en gran parte al hecho de haber llegado a esas alturas en buen estado físico. Estas personas, al no ser empleadas en el campo laboral fácilmente, comienzan negocios propios.

Hace poco asistí a una comida de mi generación del Colegio Madrid, vi a compañeros que terminaron la preparatoria hace 40 años, en dicha comida pasaban de las 3:00 a.m. y la fiesta continuaba en su apogeo; gran cantidad de exalumnas y exalumnos (aunque ellos un poco menos) bailaban todo tipo de música, desde música de los 60 y 70 hasta reggaetón, como diría Serrat "todo daba igual y con planes para reunirnos el próximo año".

Este libro relata en particular una historia, mitad verídica y mitad novela, que quien frente a este escenario se decide a comenzar de nuevo y el lugar escogido es Mahahual, la última esquina al sureste de la República Mexicana.

MAHAUAL
Entre Jaguares y Lagartos

¿Mahaual o Xcalak? Pensé, eran las 4:45 a.m. así me lo indicaba el reloj digital cuando encendí el Bora 2008 que mi hermano mayor me había dejado al morir, quien fue llevado por esa dura e injusta enfermedad llamada cáncer.

Hacía ya 3 años que pasaba por mi mente la idea de un cambio radical en mi vida; viendo el mapa de la República Mexicana busqué el punto más distante al sur, casi frontera con Chetumal, pero que diera al mar, ahí encontré Xcalak. Este deseo de cambio había nacido de la necesidad de dejar todo, porque sabía que tenía que apartarme de todo lo que había vivido.

Salí desde Molinos hacia Viaducto, de ahí a Calzada Zaragoza, Chalco, autopista a Puebla y adelante amaneció cuando pasé Orizaba, no me detuve hasta llegar a Escárcega, me quedaba relativamente poco camino, pero decidí comer ahí y me hospedé en un hotel de $ 250.00 con bichos incluidos.

Al día siguiente, sin haber podido dormir, dado que los camiones de doble caja pasaban a tres metros aproximadamente de mi cabecera, me enfilé rumbo a Chetumal, llegué a la desviación y tomé carretera a la izquierda hacia Bacalar, una de las lagunas más grandes de nuestro territorio y bien llamada la Laguna de los 7 Colores debido a los diferentes tonos azulados que posee. Desde ahí, a unos cincuenta kilómetros encontré la salida a la derecha rumbo a Mahahual y cinco kilómetros antes de llegar tomé la desviación hacia mi ansiado destino Xcalak.

Llegué alrededor de las 2 p.m. con un calor de justicia, "el calor se podía cortar" como diría Ana Belén, dolía hasta el respirar, pero yo me encontraba feliz, había llegado al paraíso anhelado.

Al principio el "paraíso anhelado" no me dio buena espina, no había nadie en sus contadas calles, ni siquiera perros y eso que no hay pueblo que no cuente con ellos, ¡ah! Pero eso sí, había mosquitos; todos los que te puedas imaginar. Recorrí el pueblo un par de veces y no vi a nadie, me hospedé en una pequeña choza y por fin encontré con quién hablar, la dueña de la casa que renté estaba festejando su cumpleaños casi en solitario, acompañada únicamente de sus dos hijos pequeños; en México podemos carecer de todo, pero el cumpleaños se festeja como sea, así es que con música de Tatiana de fondo me empezó a relatar sobre mi "Samarkanda del Caribe".

El principal motivo por el cual este pueblo está prácticamente desierto es debido a que la inmensa mayoría de los hombres se marchan a trabajar a otras localidades que tienen más movimiento, como son Bacalar, Carrillo Puerto o el mismo Mahahual, a veces se van por más de tres meses, regresan unos días y se vuelven a ir a trabajar, aquí es el único lugar en toda la costa maya donde no ves un solo extranjero, se respira una mezcla de tristeza y pobreza al mismo tiempo. Hace mucha falta que el gobierno del Estado de Quintana Roo mire un poco hacia esta localidad, que haya menos "tren Maya" y más ayuda para Xcalak, tiene un potencial enorme. De frente mirando al mar, se encuentra el segundo arrecife de coral más grande del mundo, solo detrás de la gran barrera de coral en Australia y como me dijo con mucho orgullo Cecilia (de quien ya hablaré más adelante) nuestra barrera es más bonita y sin tiburones blancos.

Regresé sin gloria, más de 1000 días esperando y soñando despierto con llegar a Xcalak y estuve menos de 48 horas, salí prácticamente huyendo y con el ánimo por los suelos. Recorrí los 60 km que me llevaron a una desviación, a la izquierda iría hacia Bacalar, luego Escárcega y por último a Ciudad de México, lo cual significaba regresar a la rutina de la que había huido para no "vivir" en un estado comatoso, ese punto al que llegamos las personas de 60 o más años que hemos fracasado en casi todos los frentes de nuestras vidas, bueno sin el casi.

Llegué por fin a la intersección, estuve por lo menos cinco minutos, miré por el espejo retrovisor a mi compañera del asiento posterior, mi bicicleta, que para ese entonces todavía no había bautizado. ¿Mahahual o de regreso a la "depre"? Giramos a la derecha, creo que después de ese instante dubitativo llegué a la que es hasta ahora la mejor decisión que he tomado en los últimos 10 años.

Mahahual está compuesto por una calle que trascurre hacia el sur y otra de regreso, en medio hay doce calles transversales y punto; desde la playa va el malecón o costera, la entrada es bastante bonita, hay un letrero grande al pie de un faro blanco, precioso y muy bien cuidado; faro que según me contaron más tarde, cuando se comenzó su construcción los niños del pueblo no lo querían y se la pasaban aventándoles piedras a los pobres albañiles, he ahí una pequeña manifestación en contra del progreso.

Sobre la costera se encuentran infinidad de puestos estilo mercadillo, pequeños hoteles, no muy altos ni grandes, afortunadamente, bien pensados, restaurantes, bares, heladerías y muchos operadores de tours hacia la atracción estrella de este paraíso: el arrecife. Hay, a menos de 150 metros, mar adentro un pequeño arrecife donde se puede apreciar algo de este maravilloso mar.

Regresando un poco a la "Guía Roji" de Mahahual, tenemos entonces la costera, que es un pequeño intento por parecerse a la Quinta Avenida de Playa del Carmen y que por fortuna no lo consigue, aquí aún no nos encontramos con "cobradores de derecho de piso", como en Playa, donde los narcos campean a sus anchas. Un italiano que tiene su negocio de artesanías en Playa del Carmen me comentó respecto de este tema, esto no se ve, pero se siente. Esa sub-raza de seres van quebrando todo tipo de negocios, son delincuentes, no comerciantes, mucho menos son empresarios, llegan, amenazan, piden cantidades exorbitantes y en consecuencia hunden destrozan y extinguen lo que familias han construido durante décadas.

Seguí por la calle principal hasta que se terminó la sección asfaltada, bajé la velocidad y no sé por qué motivo giré el auto hacia la izquierda, rumbo a la playa y me estacioné, descendí y me quedé observando las dos opciones que tenía de frente: a la derecha un hotel bonito, con alberca enfrente y un bar en la esquina, a la izquierda como si se tratase de la "Casa de los Monster" versión tropical, o sea sin lluvia ni truenos, una antigua construcción; caminé muy despacio y a mi encuentro salió Miguel (Mike) un hombre delgado de unos 55 años, bermudas, sin camisa y una pañoleta en la cabeza, como diría Sabina: "una especie de mueca en lugar de sonrisa", le dije: "¡Hola! Estoy buscando dónde hospedarme por tiempo indefinido y que sea barato". Él solo me dijo "¡Ya estás! Ya llegaste". Y he de reconocer que no se equivocó, todo el tiempo que pasé en ese "manicomio de puertas abiertas" lo pasé muy bien. Hay en el entorno una energía positiva, personas van y vienen a este sitio durante todo el año, la mayoría son extranjeros y tanto Miguel como su esposa Cecilia te hacen sentir realmente en casa. Mike me condujo a la habitación estrella, confieso que durante el corto trayecto no entendía en dónde se encontraban las otras habitaciones, aunque después las fui ubicando. Subimos una escalera de madera a punto de colapsar y entré a mi nuevo "loft" de aproximadamente 8x5 metros, era la palapa superior, con tres ventanas más dos en el baño, mosquiteros con algún agujerillo, una cama matrimonial, un sillón y algunos días más adelante; también hubo tele con cable.

Me instalé, bajé a "Chabecleta", nombre con el que bauticé a mi bici y el cual robé de una bici que tiene Miguel. El hotel en cuestión se llama "La casa de la Langosta" Miguel es un excelente anfitrión, magnífico cocinero y siempre está de buen humor, a Cecilia la conocí hasta el día siguiente, la vi por la ventana de mi "loft" cuando iba llegando con dos amigas, pero no tuve oportunidad de presentarme.

El resto de los inquilinos está compuesto por José, mejor conocido como "Cantaritos", mote adquirido por el puesto de margaritas que tiene en el malecón, margaritas que vende a todos los turistas que bajan de los ferrys o cruceros que recalan en Mahahual, por pocas horas llegan estos cruceros cada día o cada dos, pero como en todos los sitios turísticos, los operadores de tierra llevan a este turismo únicamente a los bares y restaurantes con los que ya tienen convenio.

Desde el día que llegué a Mahahual, la temperatura mínima no ha descendido ni por error de 25 grados, incluso el tercer día que llegué alcanzamos los 39 grados con una humedad cercana al 90%. El consumo de bebidas se dispara en proporción de 5 a 1 comparado con el que se hace en la Ciudad de México, obviamente la bebida preferida por mayitas y extranjeros (argentinos, uruguayos, italianos, alemanes y demás) es la cerveza. El apelativo "mayitas" no es ni por asomo un mote despectivo, todo lo contrario, los mayas son personas bastante trabajadoras, y aunque quizá no sean muy campechanos ni bromistas, entendamos que de cierta manera toda su costa, desde Río Lagartos hasta Xcalak ha sido invadida, y aunque ha generado mucho empleo es también una intrusión en sus costumbres y terrenos. Tenemos en Mahahual un claro ejemplo de esto, hay dos antros separados solamente por un negocio de artesanías llamados el Pitaya y el Capitán Mono, al primero asisten todos los extranjeros y mexicanos de otros estados, al segundo solo va la gente local.

Como comentaba, la bebida estrella es la cerveza, *beer, birra, cheve,* chela, se venden todas las marcas, extranjeras o locales, lo malo es que no hay una cultura de recolección de basura, pues esta la encontramos por toda la carretera, principalmente vemos envases de cerveza y lo peor es que la dejan en el suelo a escasos centímetros del bote de basura, ni qué decir en el mar, yo nado martes, jueves y domingos y siempre salgo con bolsas o latas, algunas bolsas de más de un metro que se enredan en los corales, esto es realmente una pena.

De todo hay en Mahahual, menos mahahualenses, mentira, sí los hay, pero corresponden a las nuevas generaciones que están brotando. La inmensa mayoría de la población es flotante, casi todos con una historia por contar u olvidar como en mi caso, otros van y vienen por cuestiones económicas o emocionales.

Algunos de estos pobladores son casi tipo cavernícolas, tenemos como ejemplo un centroeuropeo, al parecer de origen Belga, que habita en una especie de cabaña de madera a escasos 30 metros de La Casa de la Langosta, está un poco metido en el manglar, sin agua, sin baño y sin luz. Él acude donde Miguel para cubrir estas carencias, para bañar a su enorme perro y cocinar, no habla absolutamente con nadie, solo con Miguel, y eso con palabras contadas, a todos los demás si puede evitar saludarlos, para él mejor. Tenemos otro personaje más sociable, se llama Chris, texano, unos 45 años, no habla una palabra en español, ni hace el intento, no le da la gana, tiene un negocio a la entrada de Mahahual, un golfito, siempre en remodelación, aprecia mucho a Miguel y es parte del folclor de este sitio.

No puedo dejar de mencionar a un pastor, un representante del Señor, también inquilino de la casa, acude casi diario a su congregación. A pesar de que Mahahual es tan pequeño hay varios grupos religiosos, sectas como las llamo yo, a menor cultura mayores creencias religiosas. El pastor suele tener sus pequeñas diferencias y conversaciones, las cuales nunca llegan a ningún entendimiento, con José "Cantaritos" sobre la existencia de Dios, las almas perdidas y demás creencias religiosas.

Aquí llegamos a un punto bastante sensible para mí, porque aparece como en toda historia el interés por conocer una mujer y ya que estábamos en temas religiosos lo expondré con ángeles y demonios.

Al poco tiempo de llegar recalé en un restaurante-bar llamado Tukano, me senté en una mesa y se acercó un ángel, pero como casi siempre sucede, los ángeles no reparan en los demonios (como yo), se presentó, me preguntó si estaba de paso y se fue, no sin antes decirme su nombre, para ese instante el demonio ya se había quedado con esa carita y figura "plantadas en su cabeza" como diría Luz Casal. Dicho ángel tenía una figura perfecta, una fina silueta esculpida con muchas horas de jugar volleyball de playa, además de nadar y andar en bicicleta, y a pesar de estar consciente de ello, no era vanidosa, quizá solo algo coqueta. El ángel posee una cabellera rizada con varios colores debido a la decoloración del sol, una risa que exhibe en contadas ocasiones, lo cual la hace más atractiva, pero sobre todo tiene un par de ojos, entre azul y verde, que en serio verlos te hace feliz. El demonio a estas alturas está totalmente enamorado de ella, quizá ella lo sabe y es por eso que de vez en cuando flirtea superficialmente con el demonio.

Está claro que la inmensa mayoría de los demonios que llegamos a este bar lo hacemos principalmente por verla, incluidos sus compañeros de trabajo, además nos tiene en vilo, pues lleva una relación sentimental con un afortunado del cual nos cuenta que aún no es su pareja "formal" y que la relación no es "oficial", nunca le he entendido nada de esto, pero suena esperanzador. Ella lleva el turno de la tarde, en el turno matutino se encuentra una chica argentina, con quien entendí, desde el principio, que no le gustan las tontas bromas que digo al llegar, yo lo interpreto desde la posición donde ella trabaja, lidiando todos los días con toda clase de pelmazos o demonios que llegamos a importunar.

*

Otra razón por la cual me decidí a venir a estas tierras es mi pasión por los deportes de larga duración, cuando me separé de mi primera pareja me levantaba a las 5:00 a.m. a correr como manifestante en los años 70, a ver si me daba un paro cardíaco, pero no, no lo conseguí, con otros dos divorcios, continué con este particular método sin obtener el objetivo anhelado, lo que conseguí fue una gran condición física y un estado de salud excelente.

Después de haber realizado más de 45 pruebas, entre triatlón, carreras a pie y de ciclismo con diferentes resultados y con más de 5 años sin competir, busqué la prueba más difícil de todas, la encontré, se llama *Ultraman*, como el personaje de aquella serie japonesa de los años 60, dura 3 días y solo se realiza en 5 o 6 ciudades en el mundo, escogí la más difícil que se encuentra en Granada, España. El recorrido el primer día es en bicicleta con dos puertos de montaña de 1ª categoría, es decir la única forma de ir y poder terminar este tipo de eventos es acomodándote unas severas palizas con muchas, pero muchas horas de bicicleta, otras más corriendo y algunas menos nadando, así que creo que llegué al lugar ideal para prepararme.

El día que llegué a Mahahual, caminando por nuestra Quinta Avenida, vi que casi pegado al faro se encuentra uno de los hoteles más bonitos y originales de aquí, con sus villas desperdigadas por todo el terreno; a la entrada de este singular hotel se encontraba un vigilante, un señor mayor acompañado de una piba que no tendría más de 10 años, le dije a este buen hombre: "¡Qué bonito hotel!", y le pregunté si de casualidad tenía alberca, antes de que él me contestara, de la forma más natural la niña me dijo, "está enfrente" y efectivamente, pienso que Mahahual posee la alberca, piscina, fosa o como quieran llamarle, más bonita del mundo, el arrecife de coral detiene el fuerte oleaje y con un perímetro de 500 metros de ancho por más de 400 km de largo, uno puede nadar donde los límites no aplican, en cualquier alberca de 50 o 100 metros después de nadar durante 2 horas realmente te encuentras aburrido, en cambio aquí en esta piscina llevas más de 3 horas y te la pasas observando y admirando toda clase de peces, corales, tortugas y demás animales marinos hasta una pequeña embarcación ya convertida en coral; de esta manera el tiempo vuela, o en su caso, nada.

La preparación de la bicicleta es más monótona, son rectas interminables que hay que recorrer muy temprano, alrededor de las 5:30 a.m. y si vas a rodar más de 80 km debes pensar en el regreso. El sol se convierte en un factor determinante y se debe evitar un golpe de calor. En Mahahual no existe ni una sola tienda de conveniencia, el pueblo mahahualeño se opone terminantemente a la instalación de estas, porque con su construcción terminan quitándole el encanto al lugar, como pasó en Tulum, ni siquiera hay una tienda "de pasadita". También como parte extra de tu entrenamiento están los perros de las rancherías, (no entiendo por qué motivo siempre son 2 o más) que te obligan, sin importar el cansancio que lleves a aplicar un *sprint* que revoluciona tu ritmo cardiaco y al mismo tiempo tu velocímetro; suele suceder que en algunas ocasiones el *"cannis vulgaris"* es quien comienza a conseguir su objetivo de alcanzarte, entonces tienes que recurrir al "Plan B", que no es otra cosa que simular el lanzamiento de una piedra imaginaria con tu mano, ahora que si no cae en el engaño tienes que sacrificar un poco de la bebida electrolítica que llevas en tu bidón para ahuyentarlo, gajes del oficio.

El título de este libro menciona jaguares y lagartos, en honor a la verdad aún no me he topado con ninguno de los dos, pero también hay tapires e iguanas como mi compañera de cuarto que se llama Pedrita, lo que sí me he encontrado son venados, me encanta verlos. Respecto a jaguares y lagartos cenan o comen por la noche y yo a esa hora ya no estoy entrenando y espero que así sigamos entendiéndonos. Se cuentan, como suele suceder en este tipo de pueblos chicos, historias de ataques, como el caso de una pareja que regresaba de Carrillo Puerto a Mahahual y el piloto se detuvo a eliminar el exceso de cerveza a la orilla de la carretera, la mujer le observaba, cuando de pronto un jaguar o puma se abalanzó sobre él al cuello y después lo arrastró hacia el manglar. Moraleja: aguántate en estos parajes o lleva una botellita contigo.

Mencioné líneas arriba a Pedrita, mi roomie, que es una iguana de aproximadamente 1 metro que habita en mi palapa, no coopera con la renta y suele darme algún sustillo a medianoche cuando se cae, su única preocupación es cuidarse de las corretizas que le pone Carrilla, la perra de Miguel y de Ceci, el nombre tan bonito se debe a que la encontraron perdida en Carrillo Puerto, ella es todo un personaje en el hotel.

Al décimo día de estar en Mahahual, ya un poco más aclimatado, mi amistad con Miguel y Cecilia se había fortalecido. Para Mike a estas alturas yo ya debería de encontrarme con alguna compañera, la verdad yo era el menos preocupado, pero Mike y "Cantaritos" insistieron en llevarme al antro de los europeos y sudamericanos el "Pitaya", antro de no más de 40 metros cuadrados con una pista de baile reducida al centro y cuatro mesas con sillas a la orilla de la pista. Tan pronto llegamos a este bello lugar, seis de los chicos que se encontraban allí bailando fueron a saludar a Mike, la gente en Mahahual lo quiere bastante. Mike saltó a bailar y después lo hizo "Cantaritos", yo me dirigí a la barra y pedí una cuba libre, confieso que nunca se me ha facilitado nada bailar, me siento como hipopótamo con gota, tengo poca gracia, así que suavemente me escabullí a la derecha del Pitaya y enfilé mis piernas hacia el antro adjunto que es el que pertencce al pueblo, el Capitán Mono. Tengo que decir que aquel lugar tenía en ese momento mucho más ambiente, y aunque era del mismo tamaño que el Pitaya tenía por lo menos unos cuarenta mayitas bailando. A diferencia del Pitaya este antro es cerrado, algo que no parece importarles a los lugareños. Estuve ahí alrededor de 15 minutos y después decidí irme a sentar a las tumbonas de playa que están enfrente, a unos 10 metros, no había luna ni estrellas, estaba semioscuro, cuando llegó una joven pareja de sudamericanos y se pusieron a hacer el amor en una de estas tumbonas y a mí no me quedó más remedio que mirar hacia el mar. En esas estábamos cuando llegó hasta la orilla un muchacho que venía entre corriendo, caminando y trastabillando, se sentó en un camastro a mi lado, volteó fugazmente a ver a los amantes del cono sur, se giró y me dijo: "Oiga Don (la palabrita don o señor me sientan como el culo) me quiero suicidar, pienso arrojarme al mar". Lo miré y pensé, ¿por qué me suceden a mí estas cosas? Fue a pedir ayuda al consejero menos indicado, le pregunté con una lentitud parecida a la de nuestro Tlatoani de las mañaneras, ¿por qué te quieres suicidar? Me respondió: "Me estoy separando y extraño a mis dos hijos". Suspiré y le dije: "Fuiste a elegir el lugar más bonito para hacerlo y ese, amigo mío, es un tremendo error, hubieras escogido no sé, Chalco o Ecatepec, pero ¿Mahahual?, si te vas dos calles detrás de estos antros llegarás a los manglares te aseguro que ahí en menos de 20 minutos serás historia, víboras, cocodrilos o con un poco de fortuna algún jaguar, pero ¿el mar? Ahí tienes una gran desventaja (venía bebido hasta las pestañas) para suicidarte aquí vas a tener que caminar por lo menos unos 80 metros, ahí el agua seguirá a la altura de tus rodillas, otros 30 metros para que te llegue a la cintura y para ese entonces ya se te habrán pasado tanto la borrachera como las ganas de matarte".

Le comenté de mis tres divorcios y que también extrañaba mucho a mis hijos, pero nada más lejano en mis sentimientos y en mi mente que darle esa satisfacción de quitarme la vida a mi ex, el muchacho en cuestión hizo lo imposible por mantener su mirada fija en mí, labor titánica por el estado etílico que llevaba y ha de haber pensado —este güey está peor que yo—. Le pregunté su edad.

—42 —dijo.

—¿Y cuánto tiempo llevas separado? —le pregunté.

—3 años —contestó.

—¿Y los niños qué edad tienen? —interrogué.

—22 y 19.

Yo ya un poquito harto le dije:

—Preocúpate por ti, tus "niños" ya son grandes y regrésate al Capitán Mono a buscarte una chica.

Se levantó con mucha dificultad y contestó:

—Gracias, Don —esas fueron sus palabras de despedida.

*

Alrededor del vigésimo día en el punto más distante de la Costa Maya de nuevo llegan a mí nuevas dudas de continuar viviendo ahí. Aproveché que tenía que ir a Playa del Carmen, donde vive mi hermana, y desde ahí enfilarme rumbo a la Ciudad de México, sin embargo apenas iba a la altura de Tulum y ya extrañaba Mahahual, ¿por qué? No lo sé, o quizás sí, pero me rehusaba a aceptarlo. Tal vez a mi edad, tenía costumbres demasiado marcadas como levantarme antes de las 6:00 a.m. para ir al gimnasio, desayunar, ir al trabajo, pelear en el tráfico, regresar y descansar, y en cambio en este nuevo sitio en el que me encontraba de repente podía estar un lunes a las 10 a.m. sentado al lado de una pareja de chicos argentinos y con José a la orilla de la playa, disertando sobre *Así habló Zaratustra*, en compañía de un buen cigarro de hachís, unas cervezas y cacahuatitos. Es asombrosa la facilidad con la que en esa clase de conversaciones puedes pasar de Nietzsche a Yuri (nuestra cantante jarochita, no Yuri Kasparov) en cuestión de segundos, a tal grado que resulta un poco chocante, comienzas a pensar ¿Qué estoy haciendo aquí en lugar de bañarme e irme a trabajar? Supongo que es la inercia de muchas décadas acostumbrado a hacer lo mismo, por otra parte diré a favor de la Ciudad de México que ahí los sábados y los domingos son especiales, tienen un aire diferente al resto de la semana, en

Mahahual todos los días son iguales, y lo que sí no se extraña en absoluto de la Ciudad de México es el *"Se cooompraaan..."*

Así es que definitivamente me regresé a Mahahual, en La Casa de la Langosta están acostumbrados a que la mayoría de la gente que pasa por ese lugar jura que regresarán en otra ocasión, pero saben de sobra que no lo harán. Por eso cuando me bajé del coche, por segunda ocasión me dieron un recibimiento caluroso, pensaron que ya no iba a volver y después de todo ahí estaba de nuevo, a mí me emocionó la forma sincera como me recibieron, el regreso del "hijo pródigo", pero al no haber confirmado mi retorno, tuve que pagar las consecuencias, mi antiguo "loft" había sido rentado a tres trabajadores y no había ningún cuarto disponible. Mike me dijo que no me preocupara que en dos días se irían y dicho esto en cuestión de 10 minutos me armó una tienda de campaña a la orilla del mar, yo acepté pues solo serían un par de días, si hubiera sido más tiempo no creo que hubiera aguantado, principalmente por la incomodidad en la espalda.

Regresé, pues, a mi loft días después, reacomodé mis pertenencias y comencé la búsqueda de un local donde poner alguna clase de negocio para generar ingresos, pues el dinero se va rápido, aun en Mahahual hay que buscar la tienda, alojamiento y comida más económica, en escasos 500 metros.

En Mahahual se encuentra un fraccionamiento llamado Las Casitas, y son precisamente eso, casitas de un solo piso, dos recámaras, cocina y una pequeña estancia, es la típica casa que puedes encontrar por toda la Costa Maya; son escasas trece calles, es la zona residencial habitada por los extranjeros que ya llevan mucho tiempo viviendo ahí, no obstante las clases sociales no se encuentran tan marcadas como en la Ciudad de México.

Unos metros más adelante, sobre la carretera se localiza un piano bar que nadie menciona, pero que todo el mundo conoce y como en todo poblado de nuestra ancha República Mexicana, no podía faltar en Mahahual un "Lugar sin límites", una "Casita de placer". Realmente a estas alturas de mi vida no muestro gran interés por esa clase de "piano bar", de hecho ni de joven lo hice, que es cuando se suele frecuentar este tipo de lugares, pero obviamente no podía dejar de entrar a este recinto para conocerlo. El citado piano bar tiene un nombre sugerente, se llama Costa Maybe, hasta eso el "maybe" está bien escrito. La fachada es realmente espantosa, al igual que la construcción, sin embargo qué más da, lucir bien no es su objetivo, el lugar en cuestión es un poco tema tabú a pesar de estar en una zona turística, es como nuestros "imecas" actuales, habitantes de la megalópolis azteca, los cuales constantemente niegan haber tomado Viagra o que han entrado a Tinder, cuando en realidad hay "otros datos" pero en fin, ya sabemos de sobra la enorme hipocresía social que impera en todo el territorio nacional y principalmente en la Ciudad de México, donde abundan las iglesias casi en la misma proporción que hoteles de paso (o también existen lugares como Costa Maybe). Dicho piano bar tiene entre sus chicas gran cantidad de mujeres de origen maya, pero la estrella del lugar es "La güera", no sé si es mexicana o norteamericana, ella supongo que es la "maître", "la que corta el queso", la que se encarga de las entregas, de decidir quién con quién y de controlar la venta y distribución de productos como la marihuana.

Casi enfrente de este sagrado sitio se encuentra la oficina de correos, en donde es el único lugar en el que se pueden hacer depósitos a bancos, pagar la luz, el agua, el cable y demás servicios. Parece anticuado que en pleno siglo XXI solo existe una casa de cambio, una papelería con internet y paren de contar, eso es todo.

En Mahahual estuvimos dos días sin luz y otro más sin internet y nadie se suicidó, no imagino eso en otros sitios en donde la gente en el metro, en bares, en restaurantes y museos no suelta el celular ni por un segundo.

Después de la hermosa experiencia vivida en el Costa Maybe, comencé a llevar una vida con cierto orden, es decir, hacer ejercicio por la mañana, lo cual cuesta mucho debido al calor y la humedad, por eso la gente aquí suele salir a correr por la noche. Después del ejercicio y sin detenerme en la playa a discutir sobre agnósticos o ateos, debía ir a acondicionar el local y después salir hacia Chetumal para la compra de equipo del mismo, por la noche estaba de regreso en mi habitación, no sin antes tomarme alguna cervecilla con Mike y los pibes

Llegó Halloween y el Día de Muertos, estas son tradiciones que sí se celebran aquí y, de no tener ninguna invitación en la Ciudad de México, aquí me hicieron dos invitaciones, una por cierto fue del restaurante donde trabajaba mi "ángel", quien al ver por dónde iban mis tiros hacia ella, me aplicó un buen esquinazo cuando me sugirió que me buscara alguna colombiana o algo así, ella era muy buena en eso de decir cosas no muy específicas, en fin, con ella mi gozo se fue al pozo.

La otra invitación era obviamente con Mike y los pibes, pero me fui por la primera opción y estuvo bastante bien, las chicas del restaurante se disfrazaron de manera impecable, por lo que obviamente me llamaron la atención por no ir disfrazado. (¡Con ese calor!) Una máscara o un simple antifaz hubiesen bastado, me reclamaron.

No quiero decir que este lugar sea el paraíso anhelado, no es así, pues existen igual que en el resto del planeta, envidias, gente egoísta, hipócritas, gente buena, gente sencilla, lo que sí es cierto es que al ser menos la cantidad de habitantes te es más fácil escoger con quiénes quieres estar y con quiénes no.

La Casa de la Langosta cuenta con varios inquilinos, los ya mencionados "pibes" son chicos de entre 25 y 30 años, que proceden en su gran mayoría de Uruguay o de Argentina, cuidan mucho de su alimentación, son bastante agradables y nunca sabes si se irán de Mahahual o se quedarán, en contadas ocasiones se desplazan hacia Bacalar o Chetumal, algunos trabajan como buzos para los operadores de tours y otros en restaurantes, hoteles o bares de la "Quinta Avenida". En una ocasión en que Cecilia y Miguel aprovecharon para descansar de todos los "bastardos" como nos llama dulcemente Mike, estos pibes aprovecharon para realizar varios cambios favorables en la cocina, que estaba caótica en verdad, la dejaron más funcional, también ayudan de vez en cuando con trabajos de carpintería, con la recolección del sargazo y otras actividades.

*

Tanto a Miguel como a Cecilia les aprecian bastante en Mahahual, Cecilia es una persona franca, te dice las cosas tal cual son con un lenguaje directo, sin filtros y con varias palabras altisonantes, pero bien aplicadas. Para estas fechas me encuentro ya bastante integrado con esta comunidad, mitad hippie, mitad maya. Todos esperamos que los avances tecnológicos, los desarrollos urbanísticos y demás espantos no nos alcancen, o por lo menos se tarden bastante tiempo en llegar, estamos a 100 km del último desarrollo humano en la zona que es Chetumal. Me gustaría recurrir al "ejército de niños mahahualeños" que aventaban piedras a los albañiles para poder detener ese nefasto avance de civilización, lugares como Mahahual o Xcalak deberían permanecer intactos, o por lo menos como Tepoztlán, esto no solo es mi sentir, es el sentir de muchos de los habitantes de este paraíso, pues creemos que con la llegada de los cruceros es más que suficiente, pero para nuestra desgracia los grandes desarrolladores en su voracidad ya han apuntado su mira hacia acá, lo único que aún nos salva es la inmensa cantidad de manglares que nos rodean, pues solo hay una entrada y salida para acceder aquí, las personas que aquí vivimos no queremos malls, ni bancos, ni siquiera Oxxos, nada de todo aquello que pueda deteriorar este bello entorno.

Como en casi todas las regiones de este planeta, llegó la temporada de lluvias y con ellas una semana atroz de mosquitos que atacan todo el día y en todo el cuerpo sin respeto a ninguna zona. Matas los que puedes, pero los más pequeños ni los detectas, ellos se comen tus tobillos; durante el día es tolerable pero por las noches es imposible dormir, en esto no discriminan, nos pican a todos sin descanso, pasada esa dura semana de lluvias fueron disminuyendo los ataques, no desaparecieron pero por lo menos durante la noche ya era posible descansar. También en este tiempo se dio mi primer encuentro con un pequeño lagarto de 1.50 metros aproximadamente y sucedió donde menos me imaginaba, frente al malecón, donde suelo comer, el dueño no quería que yo me percatara de la presencia de este bicho, no les gusta que el turismo se dé cuenta y se vaya a espantar, como con el sargazo, y me parece lógico que así lo piensen, obviamente no me alarmé, al contrario, le pedí que me tomase una foto con él, pero al intentar acercarme el animal huyó, ya entonces el restaurantero me contó que dicho lagarto llegó por la mañana y se merendó a una de sus gallinas, es lo que suelen comer por allí, así como los jaguares que no pasan de comerse a algún perro.

Me queda muy claro que ningún día es igual al anterior aquí, nunca imaginé que un poblado tan extremadamente pequeño pudiera ofrecerme más distracciones que la megalópolis. Tuve un viaje a la Ciudad de México para resolver varios asuntos que se me fueron complicando y al final fueron casi tres semanas de estar en la capital, mientras a mí me urgía regresar a mi terruño querido, para donde la mejor manera de viajar es volar a Chetumal y de ahí rentar un auto o si el bolsillo está a dieta salen unas camionetas de trece pasajeros máximo, que por 100 pesos te dejan en Mahahual, hay varias rutas por recorrer, hacia el norte puedes ir rumbo a Uvero si deseas estar en contacto casi virgen con la naturaleza o al sur rumbo a Chahuayxol, en donde puedes encontrar alojamiento en bonitos hoteles, a la orilla del mar hay más de 23 de ellos. No hay que dejar pasar la oportunidad de venir aquí, sin acudir como los turistas de los cruceros, quienes solo vienen por unas horas y dicen que ya conocieron Mahahual, yo recomiendo por lo menos venir 3 días, es muy distinto a lo que pueden encontrar en Bacalar, Tulum, o Cancún, de este grupo excluyo a Holbox, pues ese lugar tiene aún mucho encanto, lo único que puede suceder es que corras el riesgo de ya no querer regresar a tu lugar de origen. Contrario a lo que actualmente sucede en otros lugares del territorio nacional, aquí la gente te alienta y te motiva a que comiences desde cero y realices algún proyecto de trabajo. Sé que me contradigo porque por un lado sugiero que vengan a vivir y por otro lado no deseamos la modernización de este paraje, sin embargo desearía que se encontrara un equilibrio, sin tener que destrozar manglares, pues vive todo un ecosistema dentro de ellos.

Hoy por la mañana al salir a rodar sobre el km 20, me encontré con una chica argentina, iba en su bici y al lado llevaba adaptada una especie de caja, dentro llevaba a su perro de tamaño mediano y dos maletas al otro lado, la saludé y le pregunté para dónde se dirigía, me respondió: " a Capital Federal".

"La única que conozco es Buenos Aires", pensé. Nos cayó una fuerte tormenta que no duró más de 5 minutos. Desconozco si consiguió su objetivo. Llevaba sólo 25 km y le faltaban "solamente" 6'970 km por recorrer, con el equipo que llevaba, tardaría entre 5 ó 6 meses en lograr su objetivo, sin contar con toda la clase de peligros que tendría que sortear, pasando por países de Centro y Sudamérica.

A veces cuando me siento fatigado en la bici me acuerdo de esta clase de personas y recupero la energía.

He llegado al punto en el que tengo que ver retrospectivamente. Si definitivamente me quedo, no sé cuál sea mi futuro en esta tierra llena de "sataoles" felices (sataol en maya significa loco).Tiene que ser lo mejor, seguro, no puedo regresar al lugar donde ya no tengo nada.

Espero en un futuro no muy lejano, donde ya no haya presidentes altaneros y estúpidos (los cuales pululan en todo el orbe), los mayas hereden el planeta, y la capital será Mahahual.

FIN

www.ingramcontent.com/pod-product-compliance
Lightning Source LLC
Chambersburg PA
CBHW051140250726
48655CB00007B/3164